BEL
1109

D1060707

GALILEO

Título original: GALILEO: THE GENIUS WHO FACED THE INQUISITION
Concebido y diseñado por Marshall Editions
The Old Brewery, 6 Blundell Street, London N7 9BH

© 2006, Marshall Editions

De esta edición:
© 2006, Santillana Ediciones Generales, S.A. de C.V.
Av. Universidad 767, Col. del Valle,
México, D.F., C.P. 03100, México

Adaptación del inglés: Jimena Oliver
Traducción: Patricia Helena Hernández
Edición y corrección: Carlos Tejada, Gerardo Mendiola y Mario Enrique Figueroa

Aguilar, Altea, Taurus, Alfaguara, S.A. de Ediciones
Avda Leandro N. Alem 720 C1001AAP, Buenos Aires. Argentina

Santillana de Ediciones Generales, S.L.
Torrelaguna, 60. 28043 Madrid
Teléfono: 91744 90 60

Distribuidora y Editora Aguilar, Altea, Taurus, Alfaguara, S.A.
Calle 80 n° 10-23 Bogotá. Colombia

ISBN: 970-770-740-2 / 84-372-2472-1

Printed and bound in China by Midas Printing Limited / Impreso y encuadernado en China por Midas Printing Limited
Todos los derechos reservados

Todos los derechos reservados. Ninguna parte de este libro puede ser reproducida por ningún medio o procedimiento, comprendidos la reprografía y el tratamiento informático, ni almacenada en cualquier medio de recuperación, ni transmitida por cualquier forma o cualquier medio, ya sea electrónico, mecánico, de fotocopiado o de grabación, sin la autorización previa, por escrito, de los titulares de los derechos.

www.editorialaltea.com.mx
www.alfaguarainfantilyjuvenil.com

Asesor: Owen Gingerich es profesor e investigador de Astronomía e Historia de la Ciencia en el Centro de Astrofísica Harvard-Smithsonian.

Página anterior: telescopio con el que Galileo estudió la Luna y las estrellas.
Siguiente página: Esta pintura de Perugia muestra una escena típica de una calle italiana en la época de Galileo. Italia era un próspero sitio para el comercio.

GALILEO

EL GENIO QUE SE ENFRENTÓ A LA INQUISICIÓN

PHILIP STEELE

Altea

CONTENIDO

LA INFANCIA DE GALILEO

ESTUDIANTE Y MAESTRO

LA INQUISICIÓN

3

LOS ÚLTIMOS AÑOS

4

LA INFANCIA DE GALILEO

I

Nace un científico

Era el final de un invierno frío en 1564. La gente en el norte de Italia esperaba ansiosamente el primer rayo de sol de la primavera. Pronto crecerían las flores silvestres en el campo del valle del Arno. Giulia degli Ammannati tenía una razón especial para estar contenta. Había nacido su primer hijo el 15 de febrero y ahora estaba casi dormido en su cuna de madera bajo la ventana cerrada.

El nombre, Galileo Galilei, había sido idea de su esposo, Vincenzio Galilei, quien era 18 años mayor que ella. La familia de Vincenzio estaba orgullosa de su historia y Galileo Buonaiuti, uno de sus ancestros, fue el primero en llevar el nombre. Galileo Buonaiuti había sido doctor en medicina en la ciudad de Florencia durante la primera decada del siglo XV.

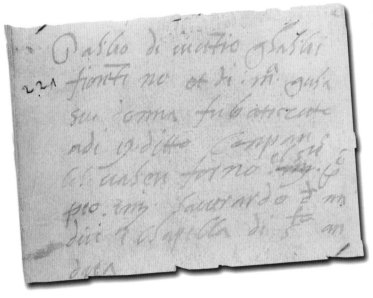

Página anterior: Galileo nació cerca de la ciudad de Pisa. Su famosa "torre inclinada" fue construida entre 1173 y 1360. Su altura es de 54.9 metros y actualmente tiene una inclinación de 10 grados.

Izquierda: el nacimiento de Galileo se registró en Pisa en febrero de 1564. En esa época a veces se calculaba que el año iniciaba en marzo, así que algunos registros dicen que nació en 1563.

1543
Nicolás Copérnico publica nuevas ideas acerca del Sol y la Tierra.

15 de febrero de 1564
Galileo Galilei nace cerca de Pisa, Italia.

Izquierda: niño con corona de hojas de parra tocando la flauta. El padre de Galileo le enseñó a tocar música a temprana edad.

Buonaiuti se había vuelto tan famoso que toda la familia adoptó el nombre de Galilei en su honor. Era muy común que al primogénito varón le pusieran el nombre de la familia del padre como el de pila. Tal vez la familia pensaba que este niño seguiría los pasos de su ancestro y también se convertiría en médico famoso.

La familia Galilei no era rica pero sí era respetada en sociedad. Giulia era originaria de Pescia y su esposo de Florencia. Ahora vivían a las afueras de Pisa, en la región de Toscana, aproximadamente a nueve kilómetros y medio de la desembocadura del río Arno.

Todo envuelto

En los días previos a la medicina moderna, muchos recién nacidos no sobrevivían. Para mantenerlos sanos se acostumbraba enrollar (envolver) a los bebés con ropa muy justa o con vendas. El objetivo era mantener sus miembros derechos y evitar que se enfriaran.

18 de febrero de 1564

El gran pintor Miguel Ángel muere en Florencia, Italia.

23 de abril de 1564

Nace en Inglaterra el dramaturgo William Shakespeare.

La tierra natal de Galileo era hermosa. Pisa había sido una ciudad rica y poderosa, y aún tenía palacios a la orilla del río y plazas maravillosas. La catedral tenía exactamente 500 años y la universidad databa de 1338. En la infancia de Galileo, el río Arno se había vuelto tan lodoso que era difícil que los barcos pudieran navegarlo. Como resultado, el número de habitantes de Pisa disminuyó a la mitad.

Con frecuencia, la casa de los Galilei estaba llena de música. El padre de Galileo, Vincenzio, tocaba el laúd. Este instrumento de cuerdas era el más popular en Europa y quienes lo tocaban eran muy solicitados en las cortes reales. Vincenzio tenía una voz maravillosa y era también un maestro exitoso; a veces trabajaba en su casa. Estaba muy interesado en la ciencia de la música y estudiaba la forma en que sonaban las cuerdas.

Derecha: un músico tocando el laúd (izquierda) acompaña a otros músicos en un pequeño concierto. El laúd se tocaba en representaciones públicas y en las casas.

1569
Cosme I de Médicis, duque de Florencia, es nombrado gran duque de Toscana.

1572
Los padres de Galileo se mudan a Florencia, pero él permanece en Pisa.

La torre inclinada

La construcción del emblema más famoso de Pisa se inició en 1173. Era un precioso campanario. Sin embargo, desafortunadamente se construyó sobre arena. La torre se empezó a inclinar antes de terminarse y hoy todavía está inclinada.

Vincenzio le enseñó a su hijo a tocar el laúd y Galileo continuó tocándolo toda su vida. Conforme crecía, ayudaba a su padre. Tal vez gracias a los experimentos musicales de Vincenzio, Galileo desarrolló su propio interés por la ciencia.

En 1572, cuando Galileo tenía ocho años, su padre y su madre se mudaron a Florencia. Se decidió que mientras se establecían, Galileo se quedaría en Pisa en casa de un pariente de su madre, Muzio Tedaldi. Cumplió 10 años antes de reunirse finalmente con sus padres.

En Florencia, el padre de Galileo tenía una vida ocupada. Le gustaba confrontar las ideas y los pensamientos que la gente tenía sobre la música y siempre estaba discutiendo, escribiendo y debatiendo (igual que lo haría su hijo cuando creciera). Vincenzio y sus amigos estudiaban música y drama de la Grecia antigua, y con el tiempo su interés por combinarlos produjo un nuevo estilo musical: la ópera.

Derecha: el joven Galileo disfrutaba todo tipo de juegos. En esta plaza, la muchedumbre se ha reunido para ver cómo se pelean por la pelota los jugadores de futbol.

8 de mayo de 1573
Nace Virginia, hermana de Galileo.

1574
Galileo viaja a través de Toscana hacia Florencia para reunirse con su familia.

Galileo va a la escuela

Los Galilei estaban creciendo. Durante los años setenta del siglo XVI Giulia tuvo dos hijos y tres o cuatro hijas. La música en la casa era interrumpida por el ruido de los niños pequeños. Desgraciadamente, tres de los niños murieron muy jóvenes; algo que sucedía a menudo en esos días.

En su nuevo hogar, Galileo recibió educación de un tutor particular. Después, cuando tenía casi trece años, lo enviaron a la escuela del monasterio de Vallombrosa. La escuela estaba construida en unas colinas boscosas, 26 kilómetros al sureste de Florencia, y era un buen lugar para escaparse de la populosa ciudad, en particular durante el calor del verano.

Derecha: la primera vista que el joven Galileo tuvo de Florencia en 1574 debió de ser de la cúpula de la catedral de Santa María de las Flores, conocido como el Duomo.

18 de diciembre de 1575
Nace el hermano menor de Galileo, Miguel Ángel.

1576
El astrónomo danés Tycho Brahe construye un observatorio.

Izquierda: Galileo estudiaba en el monasterio de Vallombrosa (izquierda). En el sur de Europa, la Iglesia Católica Romana tenía un papel importante en la educación.

Galileo disfrutaba la estricta rutina de plegarias, adoración y estudio. Decidió que se convertiría en monje, pero a su padre no le gustó la idea. Además, la familia Galilei necesitaba que, una vez adulto, Galileo llevara dinero a casa y los monjes no tenían ingresos. Así que Vincenzio le dijo a los monjes que Galileo necesitaba un tratamiento para los ojos y lo llevó a Florencia.

Ahí enviaron a Galileo a otra escuela. También la manejaban monjes, pero ahora lo alentaron a olvidar la idea de convertirse en uno de ellos.

Galileo era inteligente no sólo en la escuela, también era muy bueno investigando cómo funcionaban las cosas a su alrededor, inventando, haciendo objetos y dibujando. Parecía ver al mundo de una manera particular.

Otros idiomas

Galileo estudió latín y griego. El latín todavía se utilizaba en toda Europa como el lenguaje de la ciencia y del aprendizaje. Cuando creció, Galileo también escribió en el italiano de su época.

1576
Envían a Galileo a estudiar al monasterio de Vallombrosa.

1576
El gran pintor Tiziano muere en Venecia víctima de la peste.

Italia en tiempos de Galileo

Italia es actualmente un solo país. Durante la vida de Galileo estaba formado por pequeños estados separados. Uno de ellos se llamaba Florencia en honor a su ciudad principal. Florencia había capturado Pisa en 1509, lugar de nacimiento de Galileo, y en 1555 había ocupado también la República de Siena. En 1569 el gobernador de Florencia, Cosme I de Médicis, fue nombrado gran duque de Toscana. La República de Venecia gobernaba el noreste de Italia y otras tierras alrededor del mar Mediterráneo. En Roma el Papa era cabeza de la Iglesia Católica y una de las personas más poderosas de toda Europa.

Abajo: Cosme I, gobernador de Florencia, y todos sus seguidores entraron en la ciudad de Siena. Esta pintura data del 1561, tres años antes del nacimiento de Galileo.

Derecha: Cosme I de Médicis fue nombrado duque de Florencia en 1537 y gran duque de Toscana en 1569. Lo sucedieron Ferdinando I en 1587 y Cosme II en 1609.

LIG·ASCHAREL·LACOMO·VENTVRI

La vida cotidiana

Galileo creció en Florencia, ciudad grande y emocionante para él. Había iglesias espléndidas cuyas campanas sonaban en toda la ciudad. Había palacios pertenecientes a familias ricas y el ayuntamiento, el Palazzo Vecchio. Sobre los techos se alzaba la enorme cúpula de la catedral, el Duomo.

El joven Galileo debió vestirse diariamente con pantalones de lana hasta la rodilla y una camisa simple de lino que guardaba en un perchero de madera. En los años ochenta del siglo XVI las mejores galas de su padre incluían sombrero de ala ancha y capa larga. Menos elegante que esto, Vincenzio quizá llevó a diario camisa con cuello y puños de lino, pantalones bombachos recogidos por la rodilla, medias y zapatos o botas de montar.

Una dama joven en la corte del duque usaba zapatos de tacón alto y vestido largo lleno de faldones.

Arriba: burros portando mercancías, sirvientes, mercaderes, damas y criadas: a Galileo le serían muy familiares escenas como la de esta calle bulliciosa.

1577
El pintor conocido como El Greco se muda de Venecia a España.

7 de octubre de 1578
Nace la hermana de Galileo, Livia, en Florencia.

El vestido acaso tuvo un cuello de encajes llamado gorguera y mangas extravagantes; y sobre la cabeza, una red decorada con perlas. Sin embargo, la madre de Galileo habría utilizado un vestido sencillo de cuello liso.

Los trabajadores varones vestían camisas de lino grueso con mangas arremangadas y medias enrolladas a la rodilla. Algunos usaban delantales largos atados a la cintura para cubrirse la ropa mientras trabajaban.

Las sirvientas usaban vestidos simples hechos de lana hilada en casa, con delantal de lino y cofia.

El helado italiano

Florencia no solamente era famosa por sus artistas y científicos, sino también por sus helados. La primera receta de helado fue inventada por un arquitecto llamado Bernardo Buontalenti (1526-1608).

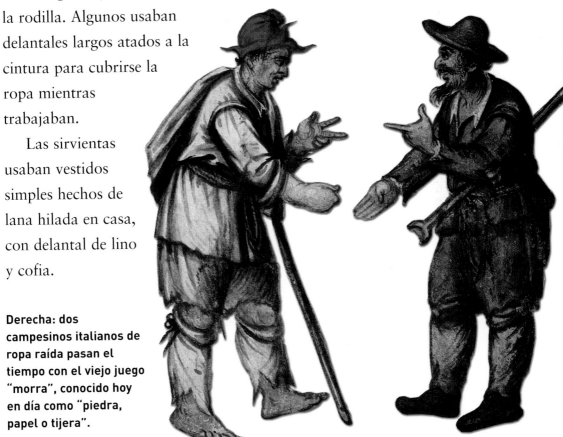

Derecha: dos campesinos italianos de ropa raída pasan el tiempo con el viejo juego "morra", conocido hoy en día como "piedra, papel o tijera".

1578

Nace William Harvey, quien descubrirá la circulación de la sangre y el funcionamiento del corazón.

La comida que las sirvientas llevaban a la mesa para la cena seguramente incluía pollo o salchichas; aves cantoras como el petirrojo; pescado o pato salvaje; liebre o jabalí cazado en el bosque. Una comida sencilla sería sopa con un trozo de pan, queso, nueces y peras o uvas, acompañada de una jarra de agua fría del pozo o un poco de vino tinto local. La miel se utilizaba para endulzar muchos platillos, y las especias eran muy populares entre las familias ricas que podían pagarlas, como la de Galileo.

En las calles de Florencia se veían grandes bodegas, tiendas y mercados, con vendedores que llamaban a los transeúntes: los había de telas, sombreros y zapatos, carniceros y panaderos, sastres y joyeros, alfareros, carpinteros y herreros. La ciudad también acuñaba sus monedas. La familia Médicis, que gobernaba Florencia y Toscana, había hecho su fortuna en la banca.

Izquierda: La ciudad de Impruneta, localizada justo al sur de Florencia, era famosa por su alfarería, sus peregrinos y la feria que se llevaba a cabo cada año el día de San Lucas (18 de octubre).

1579
Se funda la República Holandesa en los Países Bajos.

1580
España y Portugal se unifican en un solo país.

Izquierda: un hombre hambriento disfruta su cena: frijoles, pan, cebollas y carne acompañados de una copa de vino tinto.

¿Qué le deparaba el futuro a Galileo? Su madre tal vez pensaba que sería un buen hombre de negocios, pues su familia había hecho dinero en el negocio de las telas. Su padre estaba seguro de que se convertiría en doctor en medicina, siguiendo los pasos de Galileo Buonaiuti. Era una profesión muy bien pagada.

En esa época los médicos apenas empezaban a descubrir el funcionamiento del cuerpo humano. Sin embargo, aún no se sabía nada de gérmenes y causas de las enfermedades. Muchas medicinas que tenía disponibles el boticario (farmacéutico) eran más dañinas que benéficas. El gran temor de ricos y pobres, jóvenes y viejos, era contraer la peste. Aún nadie sabía cómo se transmitía; de hecho, las pulgas de las ratas la transmitían a los humanos, y las ciudades italianas tenían un gran número de ratas. Durante los años en que no había peste, la gente agradecía a Dios en las iglesias su buena fortuna y celebraban los días santos (o vacaciones) realizando ferias, desfiles y procesiones.

Comida extranjera

Europa acababa de descubrir América en 1492. Durante los siglos XVI y XVII empezaron a importar comida del Nuevo Mundo, la cual resultó novedosa y estimulante. Uno de los nuevos alimentos que se popularizó en Italia fue el tomate.

1580

Muere en Venecia el gran arquitecto Andrea di Pietro, conocido como Palladio.

ESTUDIANTE Y MAESTRO

El estudiante

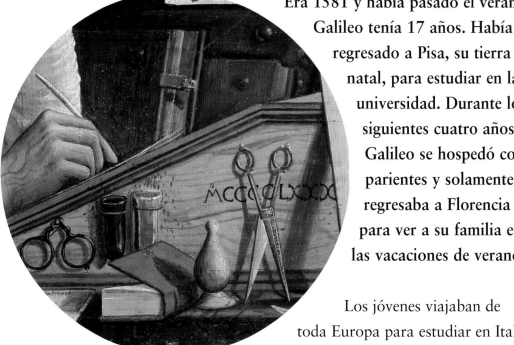

Era 1581 y había pasado el verano. Galileo tenía 17 años. Había regresado a Pisa, su tierra natal, para estudiar en la universidad. Durante los siguientes cuatro años Galileo se hospedó con parientes y solamente regresaba a Florencia para ver a su familia en las vacaciones de verano.

Página anterior: este grabado de Galileo lo muestra a los 40 años de edad.

Arriba: Galileo estudió con ahínco cuando estuvo en Pisa, pero no estudió medicina, como se suponía. En su lugar, le emocionaba estudiar matemáticas.

Los jóvenes viajaban de toda Europa para estudiar en Italia. Debió de ser emocionante para Galileo conocer estudiantes extranjeros y desvelarse jugando a las cartas y discutiendo sobre religión y ciencia.

Vincenzio todavía quería que Galileo estudiara medicina, y lo consiguió. Galileo aprendió las teorías acerca del cuerpo humano y las enfermedades. Muchas de estas ideas no eran científicas. Él, igual que su padre, cuestionaba las ideas que los demás daban por sentadas.

Otoño de 1582

Galileo estudia medicina en la Universidad de Pisa.

1582

El papa Gregorio XIII introduce un nuevo calendario: se le quitan diez días al de 1582 para que la Pascua ocurra en los días correctos.

> *"La filosofía está escrita en el gran libro del universo, el cual está abierto de manera continua para que nosotros lo observemos. Sin embargo, no podemos entender el libro a menos que primero aprendamos a comprender el idioma y a leer el alfabeto en el que está compuesto. Está escrito en el lenguaje de las matemáticas..."*
>
> **Galileo respecto a la importancia de estudiar matemáticas.**

Pero, lo que realmente le interesaba a Galileo no era la medicina, sino las matemáticas. En su segundo año de universidad, asistió a una conferencia sobre geometría, matemáticas de las formas y del espacio. La plática la dio Ostilio Ricci, jefe de matemáticas bajo el gran duque de Toscana. Galileo se inspiró. Comenzó a estudiar el tema y a discutirlo con Ricci, quien rápidamente se dio cuenta de que no era un joven común.

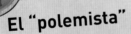

El "polemista"

El joven Galileo pronto se ganó un sobrenombre en la universidad de Pisa: el "polemista" ("contenditore"). Es decir, alguien que disfruta debatiendo ideas y mostrando su desacuerdo. Galileo sería un polemista toda su vida.

En el verano de 1583 Ricci visitó la casa de Galileo en Florencia. Intentó persuadir a Vincenzio de que su hijo se especializara en matemáticas. Pero Vincenzio insistió: Galileo debía continuar sus estudios de medicina. Sin embargo, cuando Galileo dejó la universidad en 1585, no había terminado su carrera de medicina.

Verano de 1583

El matemático Ostilio Ricci visita el hogar de Galileo en Florencia.

1585

Galileo deja la Universidad de Pisa sin haber obtenido su título de medicina.

El maestro

Galileo regresó a Florencia. Ahí ayudó a su padre con las matemáticas para sus experimentos musicales. También continuó con impaciencia sus propios estudios de matemáticas. Para ganar algún dinero, dio clases a los alumnos en Florencia y también en Siena. Daba conferencias públicas de geometría y publicó su primer libro.

Abajo: una procesión serpentea a través del centro de Siena, ciudad donde Galileo daba clases. Siempre disfrutó ser maestro y era un orador popular.

En 1588 Galileo solicitó trabajo en la Universidad de Bolonia. Aunque no lo obtuvo, impresionó a personas importantes. Una de ellas fue el noble Guidobaldo del Monte, un estudiante de mecánica, es decir, la forma en que se mueven las cosas. Del Monte se volvió su amigo. Otro defensor suyo fue el sacerdote Christopher Clavius,

1585
Galileo regresa a Florencia y da clases de matemáticas.

1587
Galileo visita el Colegio Jesuita en Roma.

Izquierda: el grabado muestra a un profesor con sus alumnos en la universidad de Bolonia. A Galileo, las reglas de la universidad le parecían estrictas. Él se rehusó a usar las túnicas propias de su trabajo como profesor.

un matemático muy talentoso. Pertenecía a una orden de monjes llamados jesuitas; Galileo había visitado su colegio en Roma en 1587. Los dos se escribieron a lo largo de muchos años.

En 1589 a Galileo le ofrecieron empleo en la Universidad de Pisa como profesor de matemáticas. No estaba bien pagado, pero él disfrutaba la compañía de algunos de los otros maestros. Además, quería aprender más cosas, desde ciencias y arte hasta poesía y música.

En 1591 murió Vincenzio, padre de Galileo, a los 71 años. Fue enterrado en Florencia en la Iglesia de la Santa Cruz. Esto le permitió a Galileo reflexionar sobre el futuro. Como hijo mayor, ahora él era responsable de la familia Galilei.

Un mal comienzo

La carrera de Galileo como maestro universitario empezó mal. No pudo dar las primeras conferencias programadas porque el río Arno inundó la ciudad. Aunque no fue culpa suya, la universidad se negó a pagarle.

1588

Galileo solicita un empleo en la Universidad de Bolonia, pero no logra obtenerlo.

1589

Galileo regresa a la Universidad de Pisa como profesor de matemáticas.

Ideas nuevas

Galileo encontró un empleo bien pagado en 1592. Fue nombrado profesor de matemáticas en Padua, la Universidad de la República de Venecia. Los años que pasó ahí enseñando geometría fueron los más felices de su vida. Sin embargo, a menudo se encontraba con profesores que lo consideraban demasiado insistente y lleno de ideas escandalosas.

Aún en Pisa, Galileo se interesó por la forma en que las cosas caen a través del aire. Estaba seguro de que todos los objetos caían a la misma velocidad. La mayoría pensaba que los objetos más pesados caían más rápido: eso era lo que había dicho el gran pensador griego, Aristóteles, siglos antes. Hoy sabemos que Galileo tenía razón. Tal vez el aire disminuya más la velocidad de la caída de una pluma que de una pelota, pero objetos con forma similar llegan al suelo al mismo tiempo. Se dijo que Galileo lo había comprobado tirando balas de cañón con diferentes pesos desde la Torre Inclinada

Arriba: en la época de Galileo, las monedas se llevaban en bolsas de cuero. Él ganaba tres veces más en Padua de lo que ganaba en Pisa. Estaba ansioso por hacer dinero, pero gastaba mucho en mantener a su familia. Siempre fue generoso.

1591
El músico Vincenzio Galilei, padre de Galileo, muere en Florencia.

1592
Galileo se convierte en profesor de matemáticas en la Universidad de Padua.

Calculadora de bolsillo

A Galileo le fascinaba inventar cosas. En 1597 hizo un artefacto llamado "brújula geométrica y militar". Estaba hecha de dos escuadras graduadas. Cuando se abrían, podían utilizarse para hacer cálculos.

de Pisa. No se sabe con certeza si realmente lo hizo, pero en 1612 algunos profesores buscapleitos que estaban en desacuerdo con Galileo probaron el experimento. A pesar de la evidencia, se negaron a creer su teoría.

A partir del año 1595 Galileo se interesó cada vez más por el movimiento de la Tierra, de los océanos y las mareas, de los planetas, estrellas y el Sol. Comenzó a pensar en las ideas del astrónomo polaco Nicolás Copérnico. Más de 50 años antes, Copérnico había declarado que la Tierra no era el centro del universo sino que viajaba alrededor del Sol. El gran astrónomo alemán Johannes Kepler acababa de escribir un libro en el cual afirmaba que Copérnico tenía razón. En 1597 Galileo le escribió a Kepler diciéndole que él mismo tenía la misma impresión.

Derecha: la Universidad de Padua era una de las mejores de Europa. Copérnico había estudiado ahí medicina de 1501 a 1503.

1597
Galileo inventa su "brújula geométrica y militar".

1597
Galileo le escribe a Kepler diciéndole que también apoya a Copérnico en la teoría de que la Tierra gira alrededor del Sol.

Un ojo en los cielos

Durante la Edad Media se inventaron las lentes: pedazos de cristal curvos que hacían que los objetos parecieran más grandes cuando se veía a través de ellas. Al principio estas lentes se utilizaban para hacer lupas. Después para hacer los primeros anteojos. Algunos fabricantes holandeses experimentaron combinando dos lentes para hacer que los objetos distantes parecieran mucho más cercanos. En octubre de 1608 el holandés Hans Lippershey hizo una demostración de dos lentes montadas en un tubo. Este *perspicillum*, o telescopio, provocó emoción en toda Europa. Galileo escuchó acerca de él en Venecia en el verano de 1609 e inmediatamente se puso a trabajar. Aprendió a cortar y pulir las lentes utilizando el cristal más fino. Logró mejorar el proceso, agrandando el tamaño de tres a veinte veces. El gobierno de Venecia se fascinó y lo recompensó generosamente. Estaban pensando lo útiles que podrían ser estos telescopios para marineros y soldados. Pero el joven Galileo tenía otras ideas en mente: dirigió el telescopio hacia las estrellas.

Izquierda: el telescopio de Galileo hizo posible ver claramente, por primera vez, la Luna, los planetas y las estrellas.

Izquierda: antes de 1608 los astrónomos utilizaban todo tipo de instrumentos diferentes para medir los movimientos del Sol y de los planetas en el cielo, como se observa aquí. El telescopio resultó el invento más útil de todos los tiempos para este propósito.

Arriba: en 1609, Galileo les mostró su telescopio a los funcionarios del gobierno de la República de Venecia. Ellos estaban impresionados de ver con claridad barcos que se encontraban a la distancia.

Asuntos familiares

Galileo viajaba continuamente de Padua a Venecia, la ciudad principal de la República de Venecia, para divertirse. Era un lugar precioso y emocionante, con tantos canales que la gente viajaba en barco a todos lados. Ahí conoció a Marina Gambia, una joven atractiva 14 años menor que él.

Arriba: Galileo amaba profundamente a su hija Virginia, quien se hizo monja con el nombre de hermana María Celeste. Se escribieron durante toda su vida. Ella era una mujer inteligente que amaba la música.

Para 1600 Marina estaba embarazada y se mudó de Venecia a Padua para estar cerca de Galileo. El 13 de agosto nació una pequeña niña a quien llamaron Virginia. Una segunda hija, Livia, la siguió en 1601. En 1606 llegó un varón, llamado Vincenzio en honor al padre de Galileo.

Galileo y Marina no pertenecían a la misma clase social y nunca se casaron. Vivían en casas separadas en Padua; él en su casa de profesor en el Borgo del Vignali, y ella en otra pequeña en el Ponte Corvo. Estaban contentos en mutua compañía, a pesar de que la madre de Galileo, Giulia, no aprobaba a Marina.

1600

Marina Gambia tiene a la primera hija de Galileo, Virginia.

1601

Nace la segunda hija de Marina y Galileo, Livia.

Derecha: la vida en el convento era muy difícil. Sin embargo, sus paredes protegían a las hermanas de los peligros externos, como los brotes de peste. Esta enfermedad mataría al hermano de Galileo, Miguel Ángel, en Alemania en 1631.

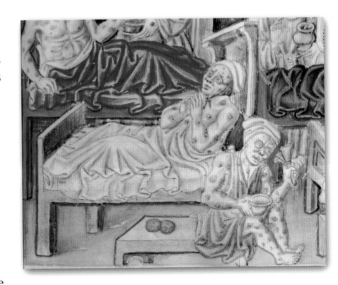

En 1609 la madre de Galileo llevó a Virginia a Florencia; Livia la siguió cuando Galileo abandonó Padua en 1610. Vincenzio se quedó con Marina. Galileo le enviaba dinero para la manutención de su hijo y cuando él abandonó Padua, Marina se casó con otro hombre, Giovanni Bartoluzzi, quien le proporcionó a Galileo el cristal para las lentes de su primer telescopio. Este cristal provenía de las famosas fábricas de cristales en la isla de Murano en Venecia.

Era común que las hijas de padres solteros se hicieran monjas. En 1613 las hijas de Galileo, siendo jóvenes, entraron al convento de San Mateo en Arcetri, en las afueras de Florencia. En octubre de 1616 Virginia se convirtió en monja y tomó el nombre de hermana María Celeste. Un año después Livia se convirtió en la hermana Arcángela.

Una vida difícil

Como monjas, las hijas de Galileo debían renunciar a toda riqueza. Vestían ropa color café de tela gruesa y velos negros. Pasaban gran parte del día rezando, limpiando, remendando, bordando o haciendo jardinería. Era una vida difícil que frecuentemente deprimía a Livia.

1605

Galileo trabaja como tutor de Cosme, joven príncipe de Toscana.

1606

Nace el hijo de Galileo y Marina, Vincenzio.

Sol, Luna y estrellas

En 1609 el príncipe Cosme de Médicis, quien había sido alumno de Galileo, fue nombrado gran duque Cosme II de Toscana. En noviembre de ese mismo año Galileo vio por primera vez la Luna a través del telescopio. Para su sorpresa, pudo ver montañas y cráteres. Hasta ese momento, todos suponían que la superficie de la Luna era lisa.

En enero de 1610 Galileo observó el planeta Júpiter y descubrió cuatro de sus lunas. Las llamó "estrellas Médicis" para honrar a Cosme. También vio

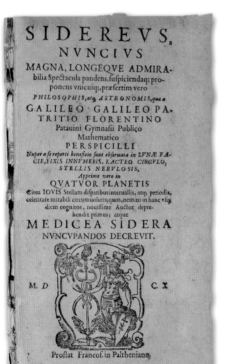

la Vía Láctea, la brillante trayectoria que cruza el cielo nocturno, y se dio cuenta de que estaba formada de innumerables estrellas. Alrededor de Saturno encontró una extraña forma abultada, pero no pudo ver con la suficiente claridad para saber que eran los anillos que circundan el planeta.

En 1610 Galileo fue nombrado matemático y filósofo en jefe del nuevo gran duque de Toscana. También fue designado matemático en jefe de la Universidad de Pisa.

Izquierda: Galileo escribió sus descubrimientos con el telescopio en el libro llamado *Sidereus Nuncius* (El mensajero estelar.) Se publicó por primera vez en Venecia en marzo de 1610.

1609

Cosme II, quien había sido alumno de Galileo, se convierte en el gran duque de Toscana.

1609

Galileo observa los cráteres y las montañas de la Luna.

El puesto era honorario y no incluía dar clases. Ese septiembre Galileo se fue de Padua a Toscana y rentó una casa en Florencia con un techo ideal para observar las estrellas.

Comenzó a observar Venus. Por las fases del planeta (la forma en que reflejaba la luz del Sol cambiaba conforme se movía), era claro que estaba viajando alrededor del Sol. Esto impulsó las teorías de Copérnico: si Venus se movía alrededor del Sol, entonces tal vez la Tierra también lo hacía. En 1611, cuando Galileo visitó Roma, lo hicieron miembro de la Academia del Lince, primera sociedad científica internacional, de lo cual estaba muy orgulloso.

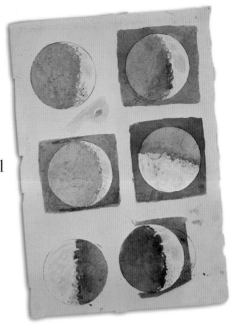

Arriba: Galileo tomó notas detalladas de la Luna y los planetas. Las imágenes del telescopio fueron cuidadosamente registradas.

En 1612 su hijo de seis años, Vincenzio, lo alcanzó en Florencia. En el mismo año, Galileo empezó a observar unas máculas en el Sol: las manchas oscuras de las áreas más frías que aparecen y desaparecen de su faz. Hoy sabemos que esas manchas son producidas por fuerzas magnéticas.

"En aproximadamente dos meses, de diciembre a enero, (Galileo) hizo más descubrimientos que cambiaron el mundo de lo que jamás nadie había hecho hasta ese momento y ha hecho hasta la fecha".
Noel M. Swerdlow, 1998.

1610
Galileo hace muchos grandes descubrimientos con su telescopio, incluyendo cuatro de las lunas de Júpiter.

1610
Galileo recibe un nuevo nombramiento en la corte toscana y se muda a Florencia.

LA INQUISICIÓN

3

Se vislumbran problemas

Galileo hacía amigos fácilmente, pero desde hacía algunos años también se estaba ganando enemigos. Algunos estaban celosos de su éxito y fama. Muchos eran filósofos. No les gustaba la manera en que Galileo confiaba en los experimentos prácticos y que solamente creyera lo que veían sus ojos. Ellos querían que la ciencia se acoplara al punto de vista que ya tenían del universo.

¿Cómo funciona el universo? Durante cientos de años la gente aceptó las ideas del gran pensador griego Aristóteles, quien murió el año 322 a.C., y las del astrónomo Tolomeo, quien falleció alrededor del 170 d.C. Ellos colocaban a la Tierra en el centro de todo y creían que el Sol, la Luna, los planetas y las estrellas se deslizaban alrededor de ella. Esta idea también era popular en las iglesias cristianas. Si la Tierra

Página anterior: en este retrato a lápiz, Galileo aparece a los 60 años de edad.

Arriba: las ideas del polaco Nicolás Copérnico provocaron pleitos durante casi 70 años. Ahora, por los descubrimientos de Galileo, la polémica volvió a cobrar fuerza una vez más.

1611

Galileo se incorpora como miembro de la Academia del Lince en Roma, la primera sociedad científica internacional.

1612

Galileo y su hijo Vincenzio se reúnen en Florencia.

era la creación más importante de Dios, entonces debía ser el centro del universo.

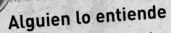

Alguien lo entiende

Mucho antes de la época de Copérnico un astrónomo notó que la Tierra gira alrededor del Sol. Era un griego llamado Aristarco de Samos, quien vivió hacia el 270 a.C. Nadie le creyó.

Nicolás Copérnico, quien vivió de 1473 hasta 1543, no estaba de acuerdo. Él dijo que los planetas seguían una trayectoria u órbita circular alrededor del Sol, girando al mismo tiempo. Tenía razón, aunque después se probó que las órbitas son elípticas (ovales), no circulares. Pero mucha gente se burló de Copérnico. Si la Tierra realmente estaba girando de esa manera, ¿por qué no lo podían sentir? La Iglesia católica prohibió el libro de Copérnico llamado *De Revolutionibus Orbium Coelestium* (*Acerca de las revoluciones de los cuerpos celestiales.*)

En 1600 un italiano, Giordano Bruno, fue quemado vivo en Roma por órdenes de la temida corte de la Iglesia: la Inquisición. Fue condenado por sus creencias religiosas, pero también porque apoyó a Copérnico. No sorprende que Galileo tuviera cuidado con lo que decía. Sin embargo, sus descubrimientos traían a la luz pública esta polémica. Pronto todos tomaron partido. Algunos apoyaban a Galileo, pero otros conspiraban en su contra.

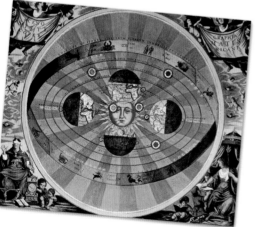

Izquierda: este plano del siglo XVII pone al Sol en el centro del universo, y a la Tierra y demás planetas conocidos entonces girando alrededor de él, como lo describió Copérnico.

1612

Galileo empieza a hacer observaciones detalladas de las manchas en la faz del Sol.

1613

Las hijas de Galileo ingresan al convento de San Mateo en Arcetri.

Quizá Galileo no estaba de acuerdo con muchos profesores, pero tampoco quería tener un conflicto con la Iglesia. Era un cristiano sincero. Sin embargo, creía que la Iglesia debía ver todas las opciones en lugar de temerles. Esto se lo explicó en una carta a Benedetto Castelli, antiguo alumno y ferviente defensor suyo. También se lo explicó en una carta a la poderosa Christina de Lorraine, madre de Cosme II.

En diciembre de 1615 Galileo fue a Roma con la esperanza de persuadir a los líderes de la Iglesia sobre sus ideas. Se quedó en la embajada de Toscana, la Villa Médicis. Ahí relató su último trabajo sobre las mareas y el movimiento de la Tierra. Seguramente eso los convencería.

Pero fue en vano. En febrero de 1616 el papa Pablo V le pidió a cardenales del más alto rango que investigaran las ideas de Copérnico. Ellos concluyeron que estaban equivocadas y contradecían las enseñanzas de la Iglesia. Ordenaron a Galileo no divulgar las ideas de Copérnico como si fueran hechos reales. Esta noticia era mala, pero pudo haber sido peor. La Iglesia confirmó que Galileo estaba a salvo.

Derecha: después de la prohibición de 1616, a Galileo le concedieron una reunión con el papa Pablo V. Éste le aseguró que la Iglesia aún lo respetaba.

1616

La Inquisición declara que los puntos de vista de Copérnico están equivocados y los prohíbe.

1617

Por problemas de salud Galileo alquila una villa en Bellosguardo, en las afueras de Florencia.

Izquierda: en 1623, tras el alboroto por los cometas, Galileo publicó un libro llamado *Il Saggiatore* (*El ensayador*.) Galileo insistió en que la ciencia debe depender de la experimentación y la prueba.

Galileo había estado mal de salud desde que se mudó a Florencia. Necesitaba aire fresco y en abril de 1617 alquiló una casa en Bellosguardo, en las colinas cercanas a la ciudad. A veces caminaba hacia Arcetri para visitar el convento donde vivían sus hijas, quienes ya eran monjas. En 1619 murió Marina Gambia en Venecia. Utilizando sus influencias con Cosme II, Galileo obtuvo la patria potestad de su hijo Vincenzio de 12 años, aun cuando él y Marina nunca se casaron. El año siguiente murió la madre de Galileo, Giulia.

Galileo continuó trabajando, buscando mantenerse a salvo. Pero una noche de 1618 fueron vistos tres cometas en el cielo. Esto causó muchas discusiones. Galileo criticaba al astrónomo jesuita Orazio Grassi por sus opiniones respecto a la órbita de los cometas. Grassi se sintió muy ofendido y se convirtió en otro influyente enemigo de Galileo.

Tortura y fuego

El propósito de la Inquisición era juzgar a quienes no estaban de acuerdo con las enseñanzas de la Iglesia. Los "heréticos" fueron torturados y quemados vivos. La Inquisición se fundó en 1542 para combatir a quienes se oponían a las creencias católicas y, asimismo, a quienes se hacían llamar protestantes.

1618

La observación de los cometas en el cielo nocturno inició ardientes debates.

1619

Marina Gambia, madre de los hijos de Galileo, muere en Venecia.

Amigos y enemigos

Por muchos años se mantuvieron encendidas las discusiones alrededor de Galileo. Afortunamente, él tenía muchos defensores y amigos poderosos. La familia Médicis, que gobernaba Toscana, pagó el sueldo de Galileo desde 1610 y le dio mucho apoyo. El príncipe Federico Cesi, fundador de la Academia Científica del Lince en Roma era otro de sus buenos amigos. Galileo también tenía defensores en la Iglesia católica. El arzobispo de Siena, Ascanio Piccolomini, hizo lo que pudo por el científico. Pero debido a que los filósofos no lograron ganar la discusión científica contra Galileo, buscaron que la Iglesia estuviera de su lado. Un líder muy importante de ella, el cardenal Roberto Bellarmino, era un opositor de las ideas de Copérnico. Bellarmino fue quien advirtió a Galileo acerca de la prohibición de 1616, pero murió en 1621. Muchos otros clérigos, como el astrónomo jesuita Orazio Grassi, también eran hostiles a Galileo.

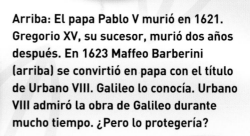

Arriba: El papa Pablo V murió en 1621. Gregorio XV, su sucesor, murió dos años después. En 1623 Maffeo Barberini (arriba) se convirtió en papa con el título de Urbano VIII. Galileo lo conocía. Urbano VIII admiró la obra de Galileo durante mucho tiempo. ¿Pero lo protegería?

Izquierda: Christina de Lorraine, esposa de Ferdinando I de Médicis y abuela de Ferdinando II (arriba a la derecha). Era católica devota y cuestionaba algunas creencias de Galileo, pero siempre lo apoyó.

Derecha: en febrero de 1621 murió Cosme II, de sólo 30 años. Su hijo Ferdinando II (derecha), fue nombrado gran duque de Toscana. En el pasado, Galileo había sido tutor del joven príncipe, y Ferdinando fue amistoso con el científico durante toda su vida.

Abajo: en Roma Galileo se hospedó en la Villa Médicis. Roma y Toscana tenían gobiernos separados y la Villa era la embajada toscana. Esta hospitalidad fue la manera de los Médicis de mostrarle su apoyo oficial a Galileo y sus teorías.

El juicio

En 1624 Galileo empezó a escribir otro libro. Se llamaba *Diálogo de los dos principales sistemas del mundo*. Su intención era contrastar las ideas de Aristóteles y Tolomeo con las de Copérnico. A Galileo le habían ordenado no exponer las ideas de Copérnico como hechos reales, así que su libro tomó la forma de una discusión entre dos personas.

Galileo se sintió a salvo. Discutió su proyecto de manera detallada con figuras importantes de la Iglesia, incluyendo al mismo papa Urbano VIII. Finalmente publicaron el libro en febrero de 1632 y tuvo un éxito inmediato.

No había duda de que la discusión en el libro la ganaba el partidario de Copérnico. Para algunos en la Iglesia esto fue demasiado. Entre ellos, el

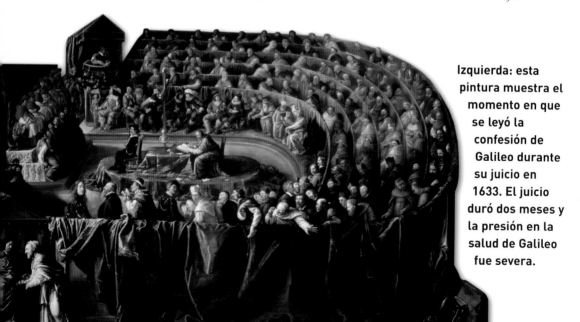

Izquierda: esta pintura muestra el momento en que se leyó la confesión de Galileo durante su juicio en 1633. El juicio duró dos meses y la presión en la salud de Galileo fue severa.

1623

Maffeo Barberini, defensor del trabajo de Galileo, se convirtió en el papa Urbano VIII.

1631

Galileo compra una casa llamada Il Gioiello en Arcetri, cerca de Florencia.

El viaje a Roma

Galileo estaba enfermo y no podía viajar a Roma en mula o caballo. Gracias a la familia Médicis lo hizo en litera: un carruaje sobre asideros transportado por cargadores. Aunque esto le permitió ir acostado, de todas formas el viaje fue muy accidentado y duró casi dos semanas.

sacerdote jesuita llamado Christopher Scheiner, quien estaba celoso del éxito de Galileo. Declaró que había descubierto las máculas solares antes que Galileo. Para vengarse, exaltó los sentimientos y extendió rumores acerca de Galileo.

Estos rumores llegaron a oídos del papa Urbano VIII, antiguo amigo de Galileo. El Papa estaba enfrentando grandes problemas políticos. La guerra de los Treinta Años había rugido en todo el norte de Europa desde 1618. Fue un conflicto tremendo entre católicos y protestantes, y el Papa estaba obligado a tomar una posición muy dura contra cualquier idea que pudiera amenazar la fe católica. En medio de todo esto los enemigos de Galileo le dijeron a Urbano VIII que su nuevo libro lo insultaba y lo hacía parecer tonto. Urbano VIII se enfureció.

En septiembre de 1632 se prohibió la venta del libro. Ordenaron a Galileo ir a Roma y enfrentarse a la Inquisición. Él ya era un anciano de salud precaria y sus médicos le dijeron que no viajara, pero la Iglesia insistió. El 20 de enero de 1633 Galileo abandonó Arcetri para ser juzgado en Roma.

"Siento que el papa no pudo haber tenido una peor disposición hacia nuestro pobre Señor Galilei...".

Informe del embajador de Toscana Francesco Niccolini, 1632

1632

Galileo publica *Diálogo sobre los dos principales sistemas del mundo.*

1632

Llaman a Galileo para ser juzgado en Roma, aunque está demasiado enfermo para viajar.

Enfermo y exhausto, Galileo se hospedó en Villa Médicis en Roma. El juicio empezó el 12 de abril de 1633 y se prolongó hasta el 22 de junio de 1633.

La Inquisición intentó probar que Galileo no había obtenido todos los permisos de las autoridades para la publicación de su libro. Él insistió lo contrario, pero previamente no había enviado una copia a Roma porque habían cerrado la ciudad debido a la peste.

También lo acusaron de violar la prohibición de 1616, al declarar su apoyo a Copérnico. Galileo no tenía pruebas para defenderse. Dijo que su libro mostraba ambos lados de la discusión. El 21 de junio se le declaró culpable de herejía por sostener que la Tierra giraba alrededor del Sol. En desacuerdo, algunos jueces se negaron a firmar el veredicto.

Izquierda: Santa María sopra Minerva, convento e Iglesia en Roma, recinto del último juicio de Galileo y de su promesa de rechazar las enseñanzas de Copérnico.

Abril de 1633
Juzgan a Galileo en Roma.

Junio 1633
Encuentran culpable a Galileo y lo obligan a rechazar las ideas de Copérnico.

> *"He sido juzgado con vehemencia como hereje, es decir, de haber sostenido y creído que el Sol es el centro del mundo y que está inmóvil, y que la Tierra no es el centro y se mueve".*
>
> **Galileo, de acuerdo con el informe del embajador de Toscana, Francesco Niccolini, en 1632.**

El 22 de junio Galileo se arrodilló frente a los jueces vestido con una túnica blanca y prometió renunciar a dichas creencias. Una leyenda dice que al incorporarse murmuró en italiano: *"Eppur si muove!"* ("¡Sin embargo, se mueve!".) Hubiera sido muy peligroso decir eso entonces, pero seguramente era lo que estaba pensando.

Sentenciaron a Galileo a prisión, pero sus defensores abogaron para que no fuera tratado con tanta dureza. Lo llevaron de regreso a la embajada toscana en la Villa Médicis. Después, acordaron que podía quedar bajo arresto en el palacio del arzobispo de Siena, su verdadero amigo Ascanio Piccolomini. Ahí lo cuidaron y mantuvieron cómodo durante cinco meses.

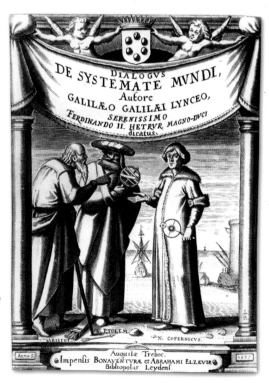

Derecha: portada del libro de Galileo *Diálogo de los dos principales sistemas del mundo*. Tras prohibirse su venta, fue enviado al norte de Europa a través de Italia. Esta edición en latín se publicó en Holanda.

Junio de 1633

Sentencian a Galileo y lo ponen bajo custodia del arzobispo de Siena.

Agosto de 1633

El *Diálogo* de Galileo sale de Italia y es enviado al norte de Europa.

LOS ÚLTIMOS AÑOS

El arresto domiciliario

El juicio dejó a Galileo deprimido y desgastado. El arzobispo de Siena decidió que la mejor manera de ayudar a su amigo a recuperarse era involucrándolo en discusiones activas y proyectos prácticos. El plan funcionó, pero sólo hasta cierto punto. Pronto Galileo se puso a reflexionar otra vez en problemas científicos y su salud no mejoró.

Los defensores de Galileo, tales como el embajador toscano Francesco Niccolini, abogaron para que a Galileo le dieran su libertad o por lo menos pudiera ir a casa. Al mismo tiempo, sus enemigos se empeñaron en difundir sospechas acerca de los amigos de Galileo, inclusive del arzobispo de Siena.

Finalmente, en diciembre de 1633 le permitieron irse a casa. Regresó a Il Gioiello, "La Joya", su casa de Arcetri. Galileo se

**Página anterior:
esta pintura muestra a
Galileo, seis años antes de su muerte.**

**Derecha: Galileo pasó sus últimos años en su casa de
Arcetri, cerca de Florencia.**

Diciembre de 1633

A Galileo le permiten regresar a su casa en Arcetri bajo arresto domiciliario.

Abril de 1634

Muere la hija mayor de Galileo, la hermana María Celeste. Queda con el corazón destrozado.

Izquierda: Galileo mantuvo en su vejez la mente tan aguda como siempre. En esta pintura su asistente anota sus teorías científicas.

mantuvo bajo arresto domiciliario en Il Gioiello. No le permitían salir, ver amigos, dar clases o publicar libros. Sin embargo, el duque Ferdinando II lo recibió en Arcetri.

Desdichadamente, sus problemas no terminaban. En abril de 1634 su hija Virginia, la hermana María Celeste, murió a los 33 años de edad. Él quedó con el corazón destrozado. Durante años esta mujer cariñosa e inteligente le había escrito cartas, enviado pequeños regalos y rezado por él. Él siempre contestó las cartas y trató de ayudarla a ella y al convento.

Algunos parientes lo acompañaron por un tiempo, pero acabó quedándose solo con su pena. Él buscó alivio en la ciencia, como siempre lo había hecho.

> *"...una inmensa tristeza y melancolía (acompañadas de) pérdida de apetito;... Actualmente no tengo corazón para escribir, estoy callado y desatiendo inclusive responder a las cartas personales de mis amigos".*
>
> **Carta de Galileo a un amigo en Florencia en 1634, tras la muerte de su hija.**

Agosto de 1634
Galileo restablece contacto con otros matemáticos.

Otoño de 1634
Galileo retoma su último libro.

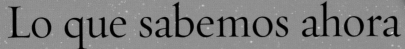

Lo que sabemos ahora

¿Cómo comparar el conocimiento que Galileo tenía del cielo nocturno con el que tenemos nosotros? Él descubrió que los planetas son mundos que viajan alrededor del Sol, como la Tierra. El sólo sabía de la existencia de los planetas Mercurio, Venus, Marte, Júpiter y Saturno, pero creía en la existencia de otros más lejanos. Urano se descubrió en 1781 y Neptuno en 1846. Galileo no sabía que las estrellas distantes también eran soles y que algunas tenían sus propios planetas alrededor. Ahora sabemos que el Sol también gira sobre sí mismo al viajar a través del espacio a 804 650 kilómetros por hora. No hay nada estático en el universo.

Derecha: esta sonda espacial lleva el nombre de Galileo. Fue lanzada en 1989 para investigar más acerca del planeta Júpiter. En diciembre de 1995 la sonda entró finalmente a la atmósfera de Júpiter.

Arriba:
Galileo descubrió
cuatro lunas de Júpiter
utilizando uno de sus telescopios.
Una de ellas, Ío, fue fotografiada por la sonda
espacial Galileo en 1996: es roja, anaranjada
y amarilla por el azufre que contiene.
También tiene manchas volcánicas calientes.

Derecha: ahora sabemos
que la extraña forma que
Galileo observó en el planeta
Saturno es realmente una serie de
preciosos anillos, formados de miles de millones
de pedazos de hielo, rocas y polvo.

Difusión de la palabra

El último gran proyecto de Galileo tomó forma en su cabeza cuando estuvo en Siena, durante los meses que siguieron al juicio. Recordaba los muchos experimentos con movimiento efectuados siendo joven en las universidades de Pisa y Padua. Decidió que era tiempo de escribir un libro acerca de ellos.

Lámpara oscilatoria

Galileo recordaba haber visto una lámpara oscilando en la catedral de Pisa. Observó que sus movimientos hacia atrás y adelante ocurrían en el mismo tiempo. Sin embargo, aún le llevo tiempo establecer el movimiento de varillas largas (o péndulos) oscilantes. Galileo utilizó este fenómeno para diseñar un reloj de péndulo. Su hijo dibujó los planos, pero los relojes empezaron a funcionar después de la muerte de Galileo.

En los experimentos había medido la forma en que los objetos rueden por una vertiente y acumulan velocidad. También había examinado el péndulo y la fuerza. Sin embargo, los demás pensadores de la universidad ignoraron por completo sus experimentos. La nueva obra de Galileo también discutía las matemáticas de las estructuras. Tenía un título largo: *Discursos y demostraciones matemáticas sobre dos nuevas ciencias referentes a la mecánica y los movimientos locales*. Galileo tenía un problema: estaba bajo arresto domiciliario y no podía publicar. Sus defensores encontraron la manera de eludir la prohibición: en secreto, publicaron el libro en Leiden, Holanda, país protestante fuera del alcance de la Inquisición.

1636

Louis Elzevir accede a publicar el libro de Galileo en Leiden, Holanda.

1637

A pesar de estar perdiendo la vista, Galileo observa la Luna.

A pesar de que lo observaban de cerca, las páginas de su nuevo libro salieron de Arcetri en fajos inadvertidos y fueron llevadas al impresor holandés Louis Elzevir. Finalmente, en 1638 se publicó el libro y fue uno de los mayores éxitos de Galileo. Si él hubiera cedido a las solicitudes de la Inquisición en 1634, esta obra nunca se hubiera publicado.

En la primavera de 1638 Galileo estaba perdiendo la vista y la salud rápidamente. Pidió permiso para ir a Florencia a ver a sus médicos, pero se lo negaron.

Abajo: imprenta utilizada en los años treinta del siglo XVII. Desde el siglo XV los libros ya no se copiaban a mano. En su lugar, se imprimían rápidamente en grandes cantidades. Esto hizo más difícil evitar que libros como el de Galileo, llegaran a la gente.

Marzo de 1638

La Iglesia niega a Galileo el permiso de visitar a sus médicos en Florencia.

Junio de 1638

Imprimen el nuevo libro de Galileo, *Dos nuevas ciencias*.

La luz se va apagando

Galileo siempre padeció problemas con los ojos y es probable que se los haya dañado al observar el Sol. Ahora tenía glaucoma (aumento en la presión dentro del ojo) y cataratas (endurecimiento del ojo que le impedía ver claramente). Para 1638 estaba completamente ciego.

Como el mismo Galileo decía, sufrir la ceguera era especialmente difícil para un hombre que había visto más allá dentro del espacio que nadie antes en la historia. Desde 1638 le ayudaba un secretario llamado Vincenzio Viviani, quien tomaba notas por él, leía las cartas y le ayudaba de muchas otras formas. Viviani había sido recomendado por el gran duque. Era un hombre joven muy inteligente y gran admirador del maestro. Galileo podía estar desacreditado dentro de la Iglesia católica pero, de hecho, su arresto domiciliario había provocado que su obra fuera leída en toda Europa. Se volvió muy famoso. Se

Izquierda: Vincenzio Viviani se convirtió en el secretario de Galileo cuando tenía solamente 17 años. Era el asistente ideal pues era muy inteligente y trabajador. Toda su vida admiró a Galileo.

1638
Galileo se vuelve completamente ciego.

1638
Contratan a Vincenzio Viviani como secretario de Galileo en Arcetri.

Izquierda: el poeta inglés John Milton
admiraba a Galileo. Cuando él también
perdió la vista en 1652, debió recordar
su reunión en Italia.

suponía que el viejo no podía recibir visitas, pero un gran número de gente bien conocida se las ingenió para verlo. Los visitantes de la casa de Galileo incluyeron, en 1634, al filósofo inglés Thomas Hobbes, quien había leído una versión del *Diálogo* de Galileo. En 1639 lo visitó John Milton, el más grande poeta inglés de la época. Mencionó a Galileo y su telescopio en su famoso poema *Paraíso perdido*.

El brillante científico italiano Evangelista Torricelli se quedó en Il Gioiello durante los últimos días de la vida de Galileo, tomando notas matemáticas del viejo maestro. Posteriormente, Torricelli inventó el primer barómetro que utilizaba mercurio para registrar la presión del aire y desarrolló los principios de las bombas de agua, que todavía utilizamos hoy en día. También mejoró el funcionamiento de los telescopios y microscopios.

Derecha: cuando murió Galileo, Evangelista Torricelli tomó el empleo de Matemático en jefe al servicio del gran duque de Toscana.

1639

El gran poeta inglés John Milton visita a Galileo.

Octubre de 1641

El científico Evangelista Torricelli se muda a Il Gioiello.

En noviembre de 1641 Galileo tuvo fiebre y estuvo enfermo durante el mes de diciembre. Murió el 8 de enero de 1642 a los 77 años. Estuvieron junto a su lecho su hijo Vincenzio Galilei, su secretario Vincenzio Viviani y el científico Evangelista Torricelli.

El gran duque Ferdinando II quería que Galileo fuera enterrado en una tumba magnífica en la iglesia de Santa Cruz en Florencia junto al padre de Galileo, pero el Papa negó el permiso. En cambio fue enterrado en un pequeño cuarto lateral de una de las capillas de la Santa Cruz. Vincenzio, el hijo de Galileo, murió en 1649 y su hija menor, la hermana Arcángela, diez años después.

Izquierda: la tumba de mármol de Galileo Galilei lo muestra sosteniendo un telescopio. A sus lados hay estatuas que representan la astronomía y la geometría.

8 de enero de 1642

Muere Galileo Galilei. Es enterrado en un cuarto lateral en la iglesia de La Santa Cruz en Florencia.

1649

Muere Vincenzio Galilei, hijo de Galileo.

"*Hoy llegó la noticia de la pérdida del Señor Galilei, que conmueve no sólo a Florencia sino a todo el mundo y a todo nuestro siglo...*".

Lucas Holste, bibliotecario del cardenal Francesco Barberini, 1642

El joven secretario de Galileo, Vincenzio Viviani, se hizo de un nombre y sucedió a Torricelli como matemático en jefe en 1647. Nunca olvidó su deuda con Galileo: reunió su obra e hizo campaña toda su vida para que el científico fuera honrado. Cuando Viviani murió en 1703, fue enterrado junto a Galileo.

Fue hasta 1737 que se erigió la gran tumba en honor a Galileo en la parte principal de La Santa Cruz. Ahí se volvió a enterrar su ataúd y actualmente permanece en la iglesia. Sin embargo, su gran libro *Diálogo* estuvo prohibido para los católicos romanos hasta 1835. En 1892 la Universidad de Pisa le otorgó a Galileo el título que no había podido obtener en 1585. Y hasta 1992, después de un debate que duró 13 años, incluido el conflicto entre la ciencia y la fe, el papa Juan Pablo II cerró el caso de la Iglesia católica en contra de Galileo, admitiendo que en el juicio se cometieron errores.

El ataúd misterioso

Cuando trasladaron el ataúd de Galileo a la nueva tumba, en 1737, bajo éste se descubrió un segundo ataúd sin identificación. Se creyó que contenía los restos de su hija mayor, Virginia, la hermana María Celeste. Este ataúd también fue puesto en la nueva tumba.

1659
Muere Livia, la hermana Arcángela, hija menor de Galileo.

1737
Construyen una nueva tumba en La Santa Cruz, en honor de Galileo.

Después de Galileo

Durante los años posteriores a la muerte de Galileo se probaron muchas de sus teorías. En 1657 el científico holandés Christiaan Huygens observó los anillos que rodean al planeta Saturno y fabricó un reloj que trabajaba con un péndulo. Para 1687, el astrónomo inglés Isaac Newton desarrolló las leyes del movimiento y la naturaleza de la gravedad: la fuerza de atracción que mantiene a los planetas en su trayectoria alrededor del Sol.

Arriba: Isaac Newton nace en 1642, año en que muere Galileo. Newton fue un matemático y científico brillante que compartió la fascinación de Galileo por el movimiento y los telescopios.

Alrededor del año 1695 Edmond Halley estudió los cometas y su trayectoria alrededor del Sol. En 1729, otro inglés, James Bradley, publicó sus mediciones de la luz de las estrellas. Esto demostró definitivamente y por primera vez que la Tierra se mueve a través del espacio, como decía Copérnico. En 1755 el filósofo alemán Emmanuel Kant desentrañó los misterios de la formación de la galaxia. Y en 1851 el científico francés Jean Bernard Léon Foucault demostró que también la Tierra gira sobre sí misma.

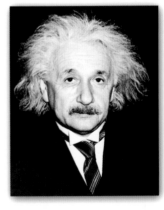

Derecha: El científico Albert Einstein, nacido en Alemania en 1879, enriqueció la comprensión del universo al igual que Galileo. Einstein creía que los científicos deberían enfrentarse a quienes poseen el poder.

1835
El *Diálogo* de Galileo sale de la lista de libros prohibidos por la Iglesia católica.

1892
La Universidad de Pisa le otorga un título a Galileo.

Derecha: los telescopios han mejorado mucho desde Galileo. Esta fotografía del telescopio espacial *Hubble* fue tomada en 1999. Al circundar la Tierra alrededor de ocho kilómetros por hora, puede tomar imágenes de los confines del universo conocido.

Galileo vivió en una época en la que nacieron las ciencias: matemáticas, medicina y astronomía. Fue alguien que trató de separar la ciencia de la tradición y de la superstición. Como muchos científicos actuales, fue desafiado por quienes tenían el poder. Los intentos por silenciarlo sólo hicieron que su obra se conociera mejor, como sucede a menudo.

¿Hizo lo correcto Galileo al retractarse de sus creencias durante el juicio de 1633, o debió mantenerse firme aun cuando ello significara su encarcelamiento o su muerte? Muchas personas todavía discuten esta cuestión. Sin embargo, durante su arresto domiciliario Galileo continuó su importante obra y la verdad salió finalmente a la luz, como sucede con tanta frecuencia.

Izquierda: esta imagen del telescopio espacial *Hubble* muestra la formación de nuevas estrellas en la Nebulosa del Águila. La búsqueda de Galileo para conocer mejor el universo continúa actualmente.

1969

Neil Amstrong se convierte el primer hombre que camina en la Luna.

1992

El papa Juan Pablo II admite que se cometieron errores en el juicio de Galileo.

Glosario

ancestro antepasado del que desciende directamente una persona.

arresto domiciliario prohibición de salir de la propia casa o vecindad.

astrónomo que estudia los planetas, lunas, estrellas y el funcionamiento del universo.

azufre sustancia natural, no metálica, cuyos componentes pueden ser muy olorosos.

barómetro instrumento para medir la presión del aire.

campesino trabajador del campo, generalmente muy pobre.

cardenal (de la iglesia) funcionario católico romano de alto rango, nombrado por el Papa.

catedral la iglesia más importante en una región o ciudad, encabezada por un obispo.

católico romano miembro de la Iglesia cristiana, que tiene su base en Roma.

cometa pelota de polvo y hielo que viaja alrededor del Sol; desarrolla una cola larga de polvo y vapor.

convento construcción donde las monjas o frailes llevan una vida religiosa.

diálogo conversación entre dos personas.

edición versión publicada de un libro.

elíptica con forma de elipse.

embajada grupo de funcionarios que cuidan su patria desde el extranjero, o edificio en el que trabajan esos funcionarios.

estrella enorme bola de gas que emite luz y calor, tal como el Sol.

experimento procedimiento científico que pone a prueba una idea o procedimiento.

filósofo quien estudia el conocimiento, la verdad y la lógica.

galaxia grupo de millones de estrellas que se mueven a través del espacio y se mantienen juntas por la fuerza de gravedad.

gravedad es la fuerza de atracción mutua que experimentan dos cuerpos con masa. Esta fuerza mantiene a los planetas en órbita alrededor del Sol.

herético quien no sostiene las enseñanzas aceptadas por la religión; con frecuencia se enfrenta a ser condenado.

Inquisición corte especial establecida por la Iglesia Católica Romana con objeto de analizar cuestiones de fe y de moralidad.

jesuita miembro de la Compañía de Jesús, orden de monjes fundada en 1534.

lente pedazo de una sustancia transparente, generalmente vidrio, que puede ser curvo hacia adentro o hacia fuera. Las lentes se pueden utilizar para agrandar objetos.

litera camilla o coche sin ruedas y puesto sobre asideros, transportado por cargadores.

mácula solar manchas oscuras que aparecen en la faz del Sol. Marcan partes más frías y afectan el magnetismo de la Tierra.

magnificar hacer que un objeto luzca grande.

mancha caliente área con temperatura alta.

marea elevación y descenso del nivel de los océanos de la Tierra, causadas por la gravedad de la Luna y del Sol.

mercurio metal plateado en estado líquido a temperatura ambiente.

microscopio instrumento utilizado para magnificar objetos muy pequeños.

moción movimiento.

momento cantidad de movimiento de un objeto.

monasterio construcción en la que los monjes pueden llevar una vida religiosa.

observar ver algo con mucho cuidado.

órbita trayectoria en la que viaja un planeta o luna alrededor de un objeto mayor.

orden sociedad religiosa.

Papa cabeza de la Iglesia Católica Romana; vive en el Vaticano en Roma.

péndulo varilla o cuerda con peso que oscila de un lado a otro, impulsada por la fuerza de gravedad en determinado momento.

peregrino religioso que visita lugares santos.

peste enfermedad infecciosa muy peligrosa.

planeta un mundo, como la Tierra, que viaja alrededor de una estrella, como el Sol.

presion del aire fuerza con la que empuja el aire.

protestante miembro de un movimiento que en la primera decada del siglo XVI declaró que la Iglesia Católica Romana es corrupta, y que demanda formas de culto más sencillas.

publicar imprimir y distribuir un libro.

sonda espacial nave no tripulada enviada al espacio para explorar y observar los planetas, las lunas y las estrellas.

superstición creencia fantasiosa, con frecuencia basada en argumentos que no pueden probarse con métodos científicos.

telescopio instrumento que examina imágenes o señales de objetos. Comúnmente es un tubo con dos lentes de vidrio.

teoría idea científica; serie de propuestas que explican un problema o proceso.

termómetro instrumento diseñado para medir la temperatura.

título académico reconocimiento otorgado a los estudiantes que han completado exitosamente un curso en la universidad.

toscano de Toscana, región que circunda Florencia, en Italia.

tutor maestro particular o asistente universitario.

universidad instituto de educación superior que ofrece títulos académicos.

universo todo el espacio y lo que existe en él.

volcánico algo formado por erupciones ardientes que salen desde las profundidades de un volcán.

Bibliografía

Galileo: A Short Introduction, Drake, Stillman, publicada por Oxford University Press, 1996

Galileo Galilei: Inventor, Astronomer and Rebel, White, Michael, publicado por Blackbirch Press Inc., 1999 (originalmente publicado por Exley, 1991)

Galileo's Daughter: A Drama of Science, Faith and Love, Sobel, Dava, Publicado por Fourth Estate, 1999

Fuente de las citas:

p.23 *The Assayer*, 1623, traducido por Dava Sobel en *Galileo's Daughter*

p.33 Noel M. Swerdlow, "Los Descubrimientos de Galileo con el Telescopio y sus Evidencias para la Teoría de Copérnico", *The Cambridge Companión to Galileo*, editor Peter Machamer, *Cambridge University Press*, 1998

p.43 Informe del Embajador Francesco Niccolini de Toscana, 1632

p.45 Informe del Embajador Francesco Niccolini de Toscana, 1632

p.49 Una carta de Galileo a un amigo en Florencia, 1634

p.57 Lucas Holste, bibliotecario del Cardenal Francesco Barberini, 1642

Algunas páginas web que te pueden ayudar a explorar el mundo de Galileo Galilei:

http://es.wikipedia.org/wiki/Galileo_Galilei
http://www.latercera.cl/medio/articulo/0,0,3803
    5857_172985953_206089084,00.html
http://redescolar.ilce.edu.mx/redescolar/act_
    permanentes/historia/html/galileo/
    inquisicion.htm
http://www.avizora.com/publicaciones/biografias
    /textos/textos_g/galilei_galileo_0002.htm

Índice alfabético

Reconocimientos

Fuentes: AA = The Art Archive, BAL = The Bridgeman Art Library.

I = inferior, S = superior.

Portada BAL/Alinari/Biblioteca Marucelliana, Florence; 1 Scala, Florence/Museo della Scienza, Florence; 3 AA/Dagli Orti; 4S AA/Dagli Orti; 4I Scala/HIP/British Library, London; 5S BAL/Alinari/Biblioteca Marucelliana, Florence; 5I AA/Dagli Orti; 7 AA/Dagli Orti; 8 Scala, Florence/San Ranierino; 9 akg-images/ Erich Lessing; 10 Scala, Florence/Museo Civico, Treviso; 11 Scala, Florence/Palazzo Vecchio, Florence; 12 Scala, Florence; 13 Scala, Florence/Villa Pazzi, Prato; 15S Scala, Florence/State Archives, Siena; 15I BAL/Galleria degli Uffizi, Florence; 16 AA/Dagli Orti; 17 AA/Dagli Orti; 18 Scala, Florence/Galleria Palatina, Florence; 19 Scala, Florence/Galleria Colonna, Rome; 21 Scala/HIP/British Library, London; 22 akg-images/Rabatti-Domingie; 24 Corbis/© Archivo Iconografico, S.A.; 25 Scala, Florence/Museo Civico, Bologna; 26 BAL/Bargello, Florence; 27 Science Photo Library; 28 Scala, Florence/Museo della Scienza, Florence; 28–29, 29S akg-images; 29I Scala, Florence/Tribuna di Galileo, Florence; 30 BAL/ Alinari/Torre del Gallo, Florence; 31 AA/Dagli Orti; 32 Scala/HIP/National Museum of Science and Industry, London; 33 Scala, Florence/Biblioteca Nazionale, Florence; 35 BAL/Alinari/Biblioteca Marucelliana, Florence; 36 AA/Dagli Orti; 37 Corbis/© Bettmann; 38 Scala, Florence/Private Coll., Lucca; 39 Scala/HIP/National Museum of Science and Industry, London; 40S Scala, Florence/Private Coll., Florence; 40I akg-images/Rabatti-Domingie; 41S BAL/Museo degli Argenti, Palazzo Pitti, Florence; 41I Scala, Florence; 42 BAL/Private Collection; 44 Scala, Florence; 45 BAL/Bibliotheque Nationale, Paris; 47 AA/Dagli Orti; 48 Scala, Florence/Museo di Firenze com'era, Florence; 49 AA/Dagli Orti; 50 Science Photo Library/US Naval Observatory; 51S Science Photo Library/NASA; 51I Science Photo Library/NASA; 53 akg-images; 54 BAL/Alinari/Galleria degli Uffizi, Florence; 55S Getty Images/Hulton Archive; 55S Scala, Florence/Galleria degli Uffizi, Florence; 56 BAL/Santa Croce, Florence; 58S Scala, Florence/Galleria degli Uffizi, Florence; 58I Corbis/© Bettmann; 59S Science Photo Library/NASA; 59I Science Photo Library/Space Telescope Science Institute/NASA.